Gedichte • Poesie für Engel

Herbert Schwarz

AF239218

Poesie für Engel

Gedichte

von

Herbert Schwarz

Illustration

Emilia Hodonj

Bibliografische Information der Deutschen
Nationalbibliothek:
Die Deutsche Nationalbibliothek verzeichnet diese
Publikation in der Deutschen Nationalbibliografie;
detaillierte bibliografische Daten sind im Internet über
http://dnb.dnb.de abrufbar.
© 2024 Herbert Schwarz
Verlag: BoD · Books on Demand GmbH,
In de Tarpen 42, 22848 Norderstedt
Druck: Libri Plureos GmbH, Friedensallee 273,
22763 Hamburg
ISBN: 978-3-7693-1818-0

Zum Geleit

"Meine schönsten Gedichte für die allerbesten Menschen". Kann es ein besseres Motto geben? Als ich mich entschloss, diese spezielle Auswahl schöner Gedichte und Balladen für eine Sonderedition zum Druck aufzubereiten, dachte ich zunächst an die Mitarbeiterinnen und Mitarbeiter der median Heinrich-Mann-Klinik im thüringischen Bad Liebenstein. Dieser Klinik bin ich seit einiger Zeit eng verbunden. Ein wenig hat das auch damit zu tun, dass ich in dieser wunderbaren Umgebung geboren wurde, meine Kindheit und Jugend bis zum Abitur hier verbrachte.

Sooft ich in diesem Hause bin, spüre ich eine fürsorgliche freundliche Atmosphäre, eine allgemeine positive Stimmung, eminent wichtig für erfolgreiche Heilung und Genesungsprozesse. Patientinnen und Patienten sprechen immer wieder lobend über die vorzügliche Behandlung, Pflege und Betreuung.

Für alle, die ihren Dienst an Menschen getreulich tun, in Familie, Nachbarschaftshilfe, Kliniken oder Pflegeheimen, soll dieses Büchlein eine Freude sein.

Ihr Herbert Schwarz

Autor

Prolog

Engel

Es gibt Menschen die nur wollen
Und solche die einfach tun
Sie bringen den Stein zum rollen
Schaffen helfen ohne auszuruhen

Kinder Alte Kranke pflegen
Verzweifelten Hoffnung geben
Sterbende die Hände halten
Hungernden ein Mahl bereiten

Solche Engel barmen nicht
Tragen ein freundliches Gesicht
Fragen nicht nach Gut und Geld
Bescheidenheit ist ihre Welt

Wie den treuen Dienst vergelten
Welcher Lohn wäre richtig
Ich will ihnen ein Denkmal setzen
Widme diesen Engeln ein Gedicht

Herzblut

Wer kann sagen was glücklich macht
Sind es Gut und Geld und Edelsteine
Die große Liebe wie im Himmelreich
Glück liegt allein in deiner Hand

Verwandte Seelen

Nicht gesucht und doch gefunden
Nahe sein in Gedanken und Gefühlen
Mit geschlossenem Mund
Mit geschlossenen Augen
Mit geschlossenen Ohren
Nicht gefragt und nicht gefordert
Den anderen verstehen
Wünsche und Träume teilen
Und wenn es brennt zueinander eilen
Nicht allein sein Äußeres
Nein auch sein Inneres offenbaren

Ein Stück von dir

Deine Augen Diamanten
Reine Liebe dein Herz
Über alle Sorgen trösten
Deine Hände warm und sanft
Alles Unrecht alles Böse
Tilgt dein Lächeln aus

Ich wär überglücklich
wenn die ganze Welt
nur ein Stückchen
Von deiner Güte hätt

Zwiegespräch mit dem Mond

Warum bist du - lieber Mond - so stille
Nicht zu stören der Kinder sanften Schlaf
Warum hast du manchmal diese große Fülle
Weil Pfannkuchen ich zu viele aß
Liebenden schenkst du zärtliche Gefühle
Damit sie diese weit vererben
Dein Licht ist so wohltuend warm
Damit Menschen Erleuchtung finden
Du kennst die schönsten Geschichten
Lieber Freund höre meine Bitte
Der du für Menschen schreibst
Die Liebe stelle in die Mitte
Dass Menschheit menschlich bleibt
Dazu meine bescheidene Offenbarung
Dir immer Freund zu sein
Und schließe guten Rat mit ein
So vernehme bitte meine Mahnung
Wahrheit sagen sei dir immer eigen
Und wer sie nicht kennt der schweige

Ich mag es bunt

Schwarz und weiß mag ich nicht
Viel weniger noch grau in grau
Meine Freunde alle wissen
Dass ich auf viel Farbe bau

Die ganze weite Welt ist bunt
Was so manchem nicht gefällt
Sehr bunt ist auch meine Welt
Nur Vielfalt bei mir zählt

Die Vielfalt meiner Welt
Würde ich euch gerne zeigen
So wie mein Blumengarten
Ein Feuerwerk der Farben;
Aus vielen Ländern meine Freunde
Die sich nah sind und treu
Musik höre ich Klassik und Barock
Romantik Folk und Hip Hopp;
Regale voller Bücher mit allem
Was ich Tag und Nacht gern mag

Trauer

Nicht Last
Auch keine Krankheit
Und niemals Strafe
Ist therapeutisch
Geschaffen mit Bedacht
Mutter Natur die es erdacht
Dass Schmerz so unerträglich
Lieben Erinnerungen flieht

Vergeben

Vergib dem Regen
Der an dir herunter rinnt
Des Hahnes lautes Krähen
Wenn der Tag beginnt
Vergib dem frechen Knaben
Und dem diebischen Raben
Vergib alles und jedem
Auch das dümmste Gerede

Von Betroffenen und Schuldigen
Allein Vergebung nimmt die Last

Liebes Wort lieber Klang

Empathie kennt viele Sprachen
Alle Sprachen der Welt
Und weiß viel zu sagen
Was Menschen zusammen hält

Manche Leute sich selber lieben
Verachten hassen verhöhnen
Ihnen ins Stammbuch geschrieben
Empathie und Vergebung uns versöhnen

Liebes Wort hat lieben Klang
Erreicht Ohr Geist und Herz
Wohlgefühl anstelle Schmerz
Wie der Nachtigall Gesang

Empathie kennt viele Sprachen
Alle Sprachen der Welt
Und eine die ich besonders liebe
Und du weißt es ist die Poesie

Wie leben

Beweglich bleibt
Wer sich bewegt
Gesunder Geist gedeiht
Wo freie Geister leben
Liebe empfängt
Wer Liebe schenkt

Genesung

Krank am Herzen und der Seele
Schon morgens quälen Schmerzen
Hoffnung ist ein teures Gut
Unerschütterlich meine Lebensmut

Hierher gekommen zu genesen
Heilendes Wasser mit gutem Ruf
Pfleger und Betreuer machen Mut
Ärzte mir Zweifel Ängste nehmen

Geduld zu haben muss ich lernen
Ich kann Gesundheit nie erzwingen
Täglich mit mir selber ringen
Schritt für Schritt mobiler werden

Abfallen werden alle Sorgen
Schaue dankbar auf mein Leben
Und hoffe dass schon morgen
Jeder Schmerz der Freude flieht

Kinderfreuden

Kleiner Junge Hanns genannt
Geht hinaus in das weite Land
Viele Abenteuer er besteht
Kinder wissen wie es weiter geht

Mit Pinsel und Papier

Schreibpult Pinsel und Papier
Sind die besten Freunde mir
Mal den Menschen meiner Welt
Das was ihnen wohl gefällt

Mutter male ich noch heut'
Einen bunten Blumenstrauß
Auf dass sie sich daran erfreut
Tagein und auch tagaus

Vater mal ich einen Apfelbaum
Mit Früchten wie im Traum
Möcht' im Garten viele Bäume sehn
Darunter Kinder sich im Reigen drehn

Meine Geschwister mögen Tiere
Drum male ich eine bunte Schar
Lämmer Kälbchen und Ziegen
Auch Meise Stieglitz und Star

Für die Kinder der ganzen Welt
Male ich vor blauem Firmament
Eine Taube dass der Frieden hält
Und niemals ein Haus mehr brennt

Warum

Beständig fragen kleine Kinder
Überall und jederzeit
Wie viele Sterne stehen am Himmel
Warum es im Winter schneit
Warum am Morgen Vögel singen
Bevor die Sonne ist erwacht
Warum so manche Möwe lacht
Und vom Kirchturm Glocken klingen

Dank euch Kindern für die Wissbegier
Fällt eine Antwort oft auch schwer
Viel zu wissen ist ein Pläsier
Das mit jeder Frage größer wird
Selbst wenn Lernen eine Fron
Weisheit ist der Mühe Lohn

Hört ihr Leute nah und fern
Ja kleine Kinder lernen gern
Lernen hinzu bei jedem Spiel
Nein es wird ihnen nicht zu viel
Kinder wollen uns vertrauen
Und auf unsere Antwort bauen
Fragen lernen wissen handeln
So sollt' man durchs Leben wandeln

Zuckerschnütchen

Zuckerschnütchen
Kasperlhütchen
Schokoladenhände
Geschmiert an Wände
Schalk im Nacken
Immer lachen
Noch in Windeln
Und schon schwindeln
Nach Haus gehetzt
Knie verletzt
Tapfer scheinen
Heimlich weinen
Dem Kinde alles alles wichtig
Erwachsen - vergessen nichtig

Woher die Fantasie

Wann wird Fantasie geboren
Eine Frage oft gestellt
Klingt lange nach in meinen Ohren
Antwort die leider offen steht
Denke nach ganz weit zurück
Und kann nichts finden
Hab kein Glück
An früheste Kindheit kein Erinnern
Doch dann ein Trällern aus dem Badezimmer
Wo die jüngste Enkeltochter thront
Am laufenden Band singt sie Geschichten
Die keiner kennt - ganz ungewohnt
Stundenlang kann sie das machen
Es wird ihr nie zu viel
Wie dereinst ihre Mama
Mit drei Jahren trieb das gleiche Spiel
Geschichten nie gelesen nie gehört
(Immer hat mich das betört)
Erfundene Geschichten aus dem Stegreif singen
Kann dem besten Dichter kaum gelingen
Dieses Phänomen wo kommt es her
Vom Spiel im Kindergarten
Oder mit den Nachbarkindern
Von romantischen Stunden am Kamin
Vom *Gute-Nacht-Geschichten* lesen
Oder Märchenfilme sehen
Ich kann es nicht entscheiden
Muss die Ungewissheit leiden
Doch eines ist mir klar
Diese Begabung ist wunderbar

Ermunterung

Klein Elke vom Nachbarhaus
Sehr aufgeweckt und klug
Kommt herüber fragt mich aus
Was und wie ein Dichter tut

Geht zur Schule vierte Klasse
Und zählt schon zu den Assen
Rezitiert Gedichte allerliebst
Manche die sie selber schrieb

Eine Mappe zeigt sie mir
Ledergebunden in braun
Wohl geordnet und zierlich
Sorgsam lese ich und staune

Zehn Gedichte der schönsten Art
Aus Kinderhand wie ich nie sah
Reime im modernen Stil
Wohl durchdacht und viel Gefühl

Kann ich Dichterin werden - sag
Sie gerade heraus mich fragt
Meine Antwort im freundlichen Ton
Mach weiter so - Du bist es schon

Sternenträume

Du träumst sehr viel
Viel zu viel
Dieses zu mir sagten
Lehrer Eltern und die Paten
Ich kann gar nichts dafür
Jeder Traum mich entführt
Hinaus aus dieser Enge
Trotz aller Reden oder Strenge
Frei als stolzer Adler
Fliegen über hohe Berge
Wie der flinke Wanderfalke
Pfeilschnell Beute jagen
Wie ein Hirsch durchstreifen
Dichte Wälder grüne Weiden
Als Meteor zu Gestirnen rasen
Über Millionen Jahre
Am Ziel heiß verglühen
Uns Menschen Glück verkünden
Ein Netz aus Geschichten spinnen
Wie Wasser aus der Quelle rinnen
Verse - Früchte meiner Fantasie
Ich kann es nicht lassen nie nie
Seh Geschichten selbst in Wolken
Muss meinem Stern beständig folgen

Tanzende Sterne

In schillernder Ferne
Tanzende Sterne
Wallende Düfte
Durchziehen die Lüfte

Die uns gleich erscheinen
Einander folgen
Und wieder fliehen
Selten sich vereinen

Unwirklich zauberhaft
Dass jedes Herze lacht
Schöneres sah man nie
Ballett voll Phantasie

Ist es wirklich wahr
Oder einfach erfunden
Was sich bietet dar
Wer schuf dieses Wunder

Den Großen gut bekannt
Wie unsre Welt entstand
Sandmann auf seine Weise
Abends erklärt den Kleinen

Verse der Kindheit

Oma flüstert gerne
Schöne Verse in mein Ohr
Hofft dass ich sie lerne
Das war schon immer so

Zumeist gar nicht lang
Zwei Zeilen oder vier
Mit und ohne Melodie
Poesie mit süßem Klang

Meine Geschwister lieben
Omas Verse so wie ich
Und alle schrieben
Schon manches Gedicht

Kindergarten oder Schule
Ich falle immer auf
Und zähle zu den Klugen
Habe viele Sprüche drauf

Bei jedem großen Fest
Steh ich auf dem Podium
Rezitiere ein Gedicht
Dem lieben Publikum

Tierwelt

Eine Schnecke die liebeskrank
Verknallt in eine Ente
Als sie jener kam zu nahe
Happs - das war ihr Ende

Kluge Kuh

Wer ist das klügste aller Tiere
Ihr glaubt alle das sei der Mensch
Mir kommen ernste Zweifel
Frag den Faun der alle Tiere kennt

Viele Tiere die uns erstaunen
Voll der Liebe Moral auch der Trauer
Kennen Sehnsucht Leidenschaft Eifersucht
Wissen wann und wie und was zu tun
Wie Elefanten Wasserstellen suchen
Gorillas hundert Salzlecken kennen
Wale zwischen Ozeanen pendeln
Bienenvölker ihre Blütenpflanzen finden
Fragt doch Bauern Schäfer Hirten
Zu was Herdentiere fähig sind
Unterscheiden schmackhaft gesund
nahrhaft von wertlos oder giftig
So geschehen vor vierhundert Jahren
Als eine Kuh abseits der Herde
Wasser aus offener Quelle schleckte
Sich daher gesund und wohl befand
Ungewollt eine Heilquelle entdeckte
Die etwas bitter säuerlich schmeckte
Der Ort deshalb Surborn ward genannt
Heute als Bad Liebenstein bekannt

Der hochmütige Pavian

Ein junger stolzer Pavian
Prahlt so furchtbar gern
Meint er käme groß voran
Wenn er eine Sprache lernt

Löwisch wäre wunderbar
Denn wer des Königs Sprache kann
Ist als Affe ein gefragter Mann
Für die Mädels absoluter Star

Er bittet den weisen Marabu
Ihm zu gewähren Unterricht
Fauchen brüllen kann er nun
Weiter kommt er leider nicht

Das Studium hat er hingeschmissen
Bei den Mädels ist er abgetan
Beim Pascha hat er auch verschissen
Nun er will weg der stolze Pavian

Unbeeindruckt von der Schande
Zieht er brüllend durch die Lande
Die Löwen haben es vernommen
Und gehörigen Appetit bekommen

Dem König aber kommt er zu nah
Der flugs mit einem Satze
Schlägt zu mit seiner Tatze
Frisst den Pavian mit Haut und Haar

Der Pascha liest die Totenmesse
Vor dem versammelten Volk der Affen
Mit Halbwissen ist kein Staat zu machen
Und der Hochmütige wird gefressen

Das Faultier

Ameisenbär und Wasserschwein
Krallenaffe und Papagei
Riesenotter und Fledermaus
Zusammen bauten sie ein Haus

Sie wollten nun gemeinsam jagen
Die ganze Beute nach Hause tragen
Am ersten Tage gaben sie sich Mühe
Ein jeder half den Kessel füllen

Am zweiten Tag gab es ersten Frust
Das Wasserschwein hatte keine Lust
Nur zur Hälfte war der Kessel voll
Die übrigen fanden das nicht toll

Am dritten Tag wars besonders schlimm
Der Kessel war leer nichts war drin
Alles aufgefressen vom Wasserschwein
Die anderen schauten wütend drein

Bei der Schlange erhoben sie die Klage
Das Urteil fiel am gleichen Tage
Das Wasserschwein soll ein Fluch begleiten
Auf Ewigkeit soll der ihm Pein bereiten

Es soll nun den Namen Faultier tragen
Im Baume hängend wenig essen alle Tage
Wenn niemand kommt es zu erlösen
Muss es ewig hoch da droben dösen

Tanz der Worte

Immer muss ich reden
Leuten auf die Nerven gehen
Andere nennens plappern
Wie der Störche Schnäbel klappern

Früh am Morgen fang ich an
Im Schein erster Sonnenstrahlen
Krächze schreie imitiere
Wiederhole alles immer wieder

Großer Wortschatz ist mir eigen
Mal heiß ich Schwätzer mal Dichter
Nicht vergessen niemals schweigen
Meine Rede boshaft oder lieblich

Tanz der Worte ist mein Leben
Gern im Rhythmus der Tarantella
Anderer Denken ist mir einerlei
Ich bin und bleibe Papagei

Kater Schnurr

Überall nennt man mich Schnurr
Bin ein Kater von kräftiger Statur
Wie ein Tiger das leuchtende Fell
Für alle Schönen bin ich ein Held

Die Familie liebt mich sehr
Haus und Stall sind mäuseleer
Streiche allen um die Beine
Bekomm zu naschen vom Feinsten
Bei Nachbarn gehasst und geliebt
Von Meise Elster und Rotschwanz
Gefürchtet - von Menschen verjagt
In Gemüsegärten ist das umgekehrt
Die Wühlmaus hat ein kurzes Leben
Beute ich vor die Haustüre lege
Bin bei Katzendamen Hahn im Korb
Kommen in Scharen mich besuchen
Ihr Chorgesang erfreut bei Nacht
Wovon das ganze Dorf erwacht
Nach vier Wochen ein großes Wunder
Die Katzenschar wird immer bunter

Unter Katzen bin ich Gendarm
Läuft etwas schief mach ich Alarm
Familie und Freunde meinen
Ich solle lange erhalten bleiben

Kopf und Herz

Kopf und Herz - was ist edler
Der Schimpanse grübelt
Kommt zu keinem Schluss
Vom Denken wird ihm übel

Mein Kopf ist noch vorhanden
Kann ihn deutlich fühlen
Mein Herz habe ich verloren
An Kami von der Gruppe nebenan
Die liebt mich wirklich innig
Laust mir mein juckendes Fell
Fest eingeprägt mein Bild
In ihrem klugen Kopf
Und weil ich ihr gleich gefiel
Hat sie mir ihr Herz geschenkt
Heut darf ihren Bauch ich fühlen
Wo ein kleines Äffchen schlummert
Mit eigenem Kopf und eignem Herz
Herzen schlagen im Duett

Schließlich habe ich verstanden
Was Kopf und Herz bedeuten
Die eine feste Einheit bilden
Eins sind Gefühl und Gedanken

Kamingeflüster

Kaminfeuer knistert gespanntes Horchen
Märchen Sagen Gruselgeschichten
Wenn es beliebt auch Scherzgedichte
Familie Gäste spitzen ihre Ohren

Falsches Mitleid

Ein Mann der unglücklich und hoffnungslos
Ging zögernd ohne Ziel in das Nirgendwo
Ein Kobold stand plötzlich am Wegesrand
Der hielt einen kleinen Beutel in der Hand

Was jammerst du zum Steinerweichen
Traf dich ein Unglück ohnegleichen?
Meine Liebsten verlor ich sprach dieser
Haus und Hof Äcker und Wiesen

Der Kobold sprach *Ich will Mitleid mit dir haben*
Dein Unglück hat ein Ende mit des Beutels Gaben
Mit einem schauderhaften Kichern husch
Verschwand der Kobold hinterm Busch

Ratlos starrt' der Mann vor sich hin
War ihm soeben großes Glück geschehen
Er schaut' in den Beutel und musste sehen
Leider war nur Schadenfreude drin

Zwei Nixen vom Hautsee

Das Kirmesfest das auch Kirchweih heißt
Wird gefeiert in allen Dörfern landesweit
Auch im thüringischen Dönges ist es Tradition
Wo einst zwei Mädchen tanzten wunderschön

Es wurde gescherzt getanzt und gelacht
Und sie entschwanden pünktlich zu Mitternacht
Am zweiten Abend kamen sie dann wieder
Tanzten lachten und sangen schöne Lieder

Ein Bursche hielt sich für besonders schlau
Als er seiner Tänzerin die Handschuhe stahl
Hoffte sie bei sich zu halten über Nacht
Die Folgen sein Tuns hatt' er nicht bedacht

Angstvoll suchten die Mädchen in allen Ecken
Konnten die Handschuhe nirgendwo entdecken
Panisch verließen sie mitternachts den Saal
Stürzten in den Hautsee im Antlitz Qual

Am nächsten Tag eine schreckliche Kunde
Der Hautsee ist von Blut ganz rot
Angst macht in Dönges ihre Runde
Ein Nix schlug seine Töchter beide tot

Blaues Licht am Roten Moor

In dem schönen Rhöngebirge
Findest du das Rote Moor
Jede Nacht zu Geisterstunde
Geht Seltsames vor

Gehst du zum Moor um Mitternacht
Im Fall du fürchtest nichts
Siehst zwischen Nebelschwaden
Seltsam ein blaues Licht

Geh - trau dich näher heran
Einer Nonne wirst du gewahr
Links auf einen Stock gestützt
Die rechte Hand trägt das Licht

Blauer Kristall hell und klar
Die Nonne geht im Kreis herum
Spricht Gebete singt wunderbar
Dann ist die Geisterstunde um

Die Nonne schlägt ein Kreuz
Schreitet eine letzte Runde
Steigt langsam in den Sumpf
und ist bald entschwunden

Feen im Moorgrund

Hügeliges Land unweit hoher Berge
Fruchtbare Felder bunte Wiesen
Moore Weiher kleine Bächlein fließen
Da leben Menschen Tiere und Zwerge

Auch gute Feen sind hier zu Hause
Helfen Bauern auf den Feldern
Arbeiten fleißig ohne Pause
Sammeln Reisig Pilze in den Wäldern

Spinnen hurtig Flachs und Wolle
Weben Garn zu allerschönsten Stoffen
Ruft Blasmusik zum bunten Feste
Feen tragen Kleider ihre allerbesten

Feen sind mit jeder Kunst vertraut
Lehren die Kinder tanzen und singen
Und zu ehren Bräutigam und Braut
Hört im Tal man Hochzeitslieder klingen

Junge Burschen voller Übermut
Zerschlagen was Feen sich erschaffen
In Trunkenheit und Zerstörungswut
Spinnrad Webstuhl alle Sachen

Alle Feen sind entschwunden
Vom Moorgrund den sie liebten
Menschen bekamen keine Kunde
Wo die guten Feen sind geblieben

Holde Sirene

Deiner Schönheit hoffnungslos verfallen
Deiner Stimme silberklarem Klang
Wenn früh die ersten Sonnenstrahlen
Den erwachenden Tag verzaubern

Wem gelten die zarten Melodien
Jede von erlesener Harmonie
Welchem Jüngling sahst du ins Auge
Der aus Liebe ins Meer wird tauchen

Den Jüngling der liebend bas errötet
Naht er sich den tosenden Gestaden
Wirst du erbarmungslos ihn töten
Wie das Sirenen immer taten

Ein Mädchen abends auf den Klippen
Suchend mit Tränen im Gesicht
Und lauten Klagen auf den Lippen
Mit der Sonne Hoffnung schwindet

Tochter der Sonne

Niemand weiß woher sie kam
Barfuß nur ein Kleid aus Leinen
Die ganze Habe in einem Beutel
Mund und Augen freundlich lachen
Fragt kann ich mich nützlich machen
Singt und tanzt
Und lehrt die Kinder
Wunden heilen Schmerzen lindern
Steht jungen Müttern bei
Eingeschlossen in allen Herzen
Keinem ist sie einerlei

Niemand weiß wohin sie ging
Niemand wusste ihren Namen
Von allen die sie gekannt
Tochter der Sonne genannt

Kleines buntes Haus

Jeden Sonntag vor dem Häuschen
Sie schenkt Vorübergehenden
Sträußchen
Von Thymian Rosmarin und Salbei
Dass gesund sie bleiben alle Zeit

Das kleines Haus an Waldes Rand
Geschmackvoll bunt bemalt
Wer es sieht den macht es froh
Wer mag wohl darinnen wohnen

Rings herum ein kleiner Garten
Wo Gemüse und Kräuter wachsen
Wie im Märchen steht ein Zaun
Weidenruten und lustige Figuren

Eine junge Frau die hier lebt
Eigenhändig das Häuschen schuf
Kranke heilt und Hoffnung gibt
Hat bei allen Leuten guten Ruf

Ein garstiger Nix sie begehrt
Trägt aus ihrem Haus sie fort
Sperrt sie in sein Wasserschloss
Darf nur selten nach oben gehen

Am Ostersonntag vor dem Häuschen
Sie reicht Vorübergehenden Sträußchen
Von Thymian Rosmarin und Salbei
Heiße Tränen sind auch dabei

Mama Anuko

Axtschläge hallen herab vom Fjell
Wo Mama Anuko Bäume fällt
Braucht Brennholz für ihr Haus
Wo vier Kinder harren aus

Deren Vater nicht mehr am Leben
Ihn erschlug ein Troll
Und Anukos ganzes Streben
Für ihre Kinder der Liebe voll

Und nach alter Mütter Weise
nimmt sie sich der Lasten an
Hütet Rentiere wie ihr Mann
In den Nächten weint sie leise

Anuko fischt und geht auf Jagd
Nichts ist ihr zu schwer
Und wenn der Abend naht
Sucht Trost sie in den Sternen

Lesen schreiben lehrt sie Kinder
Alles was die Jugend braucht
Fleiß und Wissbegier nicht minder
Rechtschaffenheit und Güte auch

Ist erwachsen das jüngste Kind
Anuko fragt wo die Jahre sind
Die Haare grau ihr Rücken krumm
Ihr Werk getan das Leben um

Hoch am Fjell liegt sie begraben
Mit Blick über das weite Land
Ein Stein trägt ihren Namen
Da wo sie ihren Liebsten fand

Stimmen der Natur

Blätter wispern Bodennebel
Rot wird das Himmelszelt
Tausend kleine Flügel heben
Die Goldene Sonne in die Welt

Am Erlensee

Die Natur lernt ich kennen als Knabe
Kannte Felder und Wälder rings umher
Sah Fuchs Dachs Rebhuhn und den Raben
Rannte erfolglos Hasen hinterher

Ging am liebsten über Wiesen
Hin zum schönen Erlensee
Sah die Gräser Blumen sprießen
All die Vögel in der Höh'

Das Wasser bewegte sanft der Wind
Ruhig schwamm die kleine Entenschar
Der Haubentaucher wiegte sich im Schilf
Ein Anblick anmutig und wunderbar

An einer Erle dem noch jungen Baum
Hatte ich meinen ersten Liebestraum
Baum und ich konnten es nicht wissen
Später würde ich noch andere küssen

Nach langen Jahren komm ich hier vorbei
Wo ich als Kind viel Zeit verweilt
Ich halte an stapfe durch die Wiesen
Finde einen großen Baum meine Erle wieder

Kiebitze haben sich davon gemacht
Dafür ein Reiher am Ufer wacht
Das Braunkehlchen ist längst fort
Der See ist immer noch ein schöner Ort

Vom Grund herauf bewegt sich ein Schlei
Frische Luft zu holen oder Mücken fressen
Ein Hecht schnappt zu da ist's für ihn vorbei
Auch ich hätt ihn gern gegessen

Stimmen aus der Nacht

Wenn ein Sommertag geht zur Neige
Und die Nacht bricht herein
Betört mich des Waldes Rauschen
Mit keinem würde ich tauschen

Frösche quaken im nahen Weiher
Käuzchen und der Uhu schrein
Die Igelfamilie streift am Zaun vorbei
Ein Reh schreckt oben am Waldessaum
Zu seinem liebsten Schlafbaum
Fliegt über dem Tal ein Reiher

Wandrer auf dem Weg nach Haus
Schwatzend treten aus dem Wald heraus
Ermüdet von der langen Tour
Strebt ein jeder seinem Hause zu
Auf einer Bank unter einer Eibe
Singen junge Leute alte Lieder
Ich wünscht sie würden länger bleiben
Oder kämen morgen Abend wieder
Ein Pärchen turtelt in tausend Freuden
Bald schon werden Hochzeitsglocken läuten

Ein Gewittersturm naht sich mit Brausen
Hebt an die Wälder arg zu zausen
Wie ein Grashalm biegt sich jeder Baum
Zuckende Blitze erleuchten meinen Raum
Grollen des Donners erst fern dann ganz nah
Und ganz langsam wieder weit und weiter
Erfrischender Regen macht das Atmen leichter

Das Unwetter zieht ab die Ruhe kehrt wieder
Vom Gleichmaß fallenden Regens
Schließen sich meine Lider
Tiefer Schlaf in Traumes Segen

Zaghaft erhebt sich die Morgenröte
Weckt Rotschwanz und Singdrossel zum Gesang
Die Nachtigall der Götter Liebesbotin
Erfreut mich mit süßer Lieder Klang
Begleitet deine zärtliche Liebkosung
Ich wiege dich in meinem Arm ganz sacht
Bis ein neuer schöner Tag erwacht

Begehren

Wunderbare Nacht
Ganz besonders blau
Vollmond klar und strahlend
(Ein Jäger spricht von Büchsenlicht)
Solche Nächte eine Plage
Weil ich schlecht schlafen kann
Doch dann geschehen Sachen
Die sind interessant
Ein Tier bellt vor dem Haus
Nein ein Hund ists nicht
Eine Füchsin Fehe genannt
Geht auf Partnersuche aus
Einen Rüden schnell zu finden
Und Familie gründen
Warum soll sie nicht begehren
Die eben erwachsen ist
Und muntere Füchslein gebären
Auch wenn Vater Einzelgänger ist
Schon vor wenigen Tagen
Sah ich neue Baue
Angelegt in Gärten
Und noch ein paar im Wald
Der Fehe ist es ernst
Mit ihrem Werben
Will keine Zeit versäumen
Sie treibt die große Sorge
Den Rüden mit der tollen Marke
Könnte ihre Schwester finden
Streift durch Wald und alle Gassen
Läuft - bleibt stehen
Bellt bellt bellt

Und das im steten Wechsel
So schallt es durch den Wald
Sie wird wieder bellen - morgen
Ich schließe meine Augen

Jemandes Heimat

Mit Blindheit scheint geschlagen
Den man der Schöpfung Krone heißt
Mit schnöder Nonchalance alle Tage
Müll in die Umwelt schmeißt
Nicht entschuldbar diese Lässigkeit
Verbrechen das zum Himmel schreit
Tiere Pflanzen Menschen sterben
In Umweltgiften Schmutz und Scherben
Nicht einzelner Mensch allein
Macht solche Schweinereien
Viel schlimmer noch Konzerne
Die wohl niemals lernen
Zerstören Länder und Regionen
Wo niemand und nichts kann wohnen
Wann wird uns ein Lichtlein werden
Entscheidende Erkenntnis
Dass jeder kleine Fleck auf Erden
Jemandes schützenswerte Heimat ist

Nichts darf als unwert gelten
Das Mutter Natur höchst selber
Zum Leben hat bestimmt

Suche nach dem Faun

Wo find ich ihn
Wo versteckt er sich
Vielleicht ist es
Das Vergissmeinnicht am Zaun
Die prächtige Rose
Die mit ihrer Schönheit prahlt
Der Mauerpfeffer
Der wohlig in der Sonne badet
Im Beet das köstliche Gemüse
Oder der Birnbaum
Der mir schenkt süße Früchte
Der Gott
Den schon die Römer kannten
Ist nicht hier
Und ist nicht da
Er ist überall
Wo er planvoll
Mit sicherer Hand
Unsere Welt gestaltet
Und findet sich immer da
Wo wir Menschen walten
Ist in dir
Und in mir
Im Kopf und in den Händen

Alte Eiche

Mein Herz hängt an dir
Möcht dich nie mehr missen
Bist mir Berater Lehrer
Meine Ruhepunkt
Wie ein Vater
Stark mein Drang in die Fremde
Übermächtige Sucht nach Glück
Kein goldenes Kalb
Erkenntnis habe ich gefunden
Liebe
Sehnsucht führt zurück
Hast dich kaum verändert
Altern ist relativ
Falten zählt man nicht

Abendruh

Wenn der Tag dem Dunkel flieht
Vögel es zum Nest hin zieht
Die Sonne überm Walde sinkt
Der Abendstern am Himmel blinkt

Zur Ruh sich wendet
Alles Leben alles Streben
Mücken emsig spielen
Im allerletzten Sonnenstrahl

Vom See her Kraniche rufen
Streben hin zum sicheren Ufer
Im flachen Wasser ist die Schar
Sicher bis zum neuen Tag

Mein Tagwerk geschafft
Bin müde und zufrieden
Freu mich auf den neuen Tag
Wie ich alle Tage liebe

Knabenkraut

Spazieren gehen Ruhe suchen
Ganz allein im Wald
Zwischen Erlen Eichen Buchen
Ich manche schöne Blüte fand

Auf der Lichtung Gräser wuchsen
Auf Blüten tummelten sich Bienen
Dazwischen vielfarbig grüßte
Die bei Insekten beliebte Lupine

Auf trockenem Wiesenhang
Niedlich und kaum zu sehen
Sah ich das *Kleine Knabenkraut*
Träumend im Grase stehen

Ich verneigte mich und frug
Wie kamst du Schöne her
Sie schaute und lächelte klug
Ich erinnere mich nicht mehr

Als Samenkorn trug mich der Wind
Über Wälder Täler Gebirge Seen
Durch die halbe Welt geschwind
In dieses Land das wunderschöne

Ich blieb noch eine Weile stehen
Bestaunte das Wunder der Natur
Und ich wünschte im Gehen mir
Dass viele diese Schönheit sehen

Was die Rose spricht

In einem Rosengarten
Wo Menschen wandeln
Bewundern all die Pracht
Und jedem das Herze lacht

Wie ich so für mich gehe
Die vielen Schönheiten besehe
In meinem Ohr eine Stimme
Sag an mein Freund
Was spricht dich an
Erregt deine Sinne
Und belebt den Geist
Muss nicht lange überlegen
Ja die überwältigende Flut
Der Farben Formen Düfte
Schwebe selig durch die Lüfte
Wundervolle Kraft mich trägt

Darum liebe Freunde
Die ihr so fühlt wie ich
Keinen Blick zu versäumen
Naturschönheit führt zum Licht

Bezaubernde Laute

Am frühen Morgen im Wald allein
Zu lauschen was Natur mir sagt
Nah bei mir ein Bächlein rauscht
Morgensang der Vögel erschallt

Mix der Laute stimmt mich froh
Dieses Konzert hörte ich nirgendwo
Lichtspiel mit magischen Farben
In den Wipfeln wie polare Nacht

Kunst liebende geschickte Hände
Dem Wald eine Windharfe schenkten
Weit oben an einer Kiefer Stamm
Regt der Wind die Saiten an

Vier Stück für jede Richtung eine
Töne dem Gesang der Sirenen gleichen
Betörende Stimmen der rauen Winde
Sich den schönen Künsten verbinden

Bei uns daheim

Wo einst meine Wiege stand
Allzeit gute Freunde fand
Wo mich Bäume und Tiere kennen
Will ich gerne meine Heimat nennen

Reisen ohne Ziel

Fort und wieder heim
Ein Ticket begehrt der Mann
Zwecks Ausfahrt mit der Bahn
Junger Mann das kann nicht sein
der Fahrscheinverkäufer spricht
Ein solches Ticket hab ich nicht

Der Kunde wendet sich zu gehen
Zufrieden - kann man deutlich sehen
Und doch hat mein Leben Sinn
Selbst ohne Ziel - irgendwo hin
Mit Rucksack Wanderstock
Bunt besticktem Trachtenrock
Auf den Lippen lustige Lieder
Wandert ziellos -
Und kommt immer wieder

Dorf adieu

Deinem Dorf gibst du den Abschied
Hast du das wirklich gut bedacht
Hier sang die Mutter dir das Wiegenlied
Hat fürsorglich deinen Schlaf bewacht

Dein Kindergarten von der schönsten Art
Fernab von Trubel Lärm und Staub der Stadt
Alle Kinder wurden liebevoll behandelt
Gerade so wie Pflänzchen in einem Garten

Mit Pfeil und Bogen warst du auf Pirsch
Hasen zu schießen oder einen Hirsch
Messer Faden Driesel in der Tasche
Kaulquappen hieltest du in einer Flasche

In der Schule warst du vorn dran
Lehrer hatten für jeden immer Zeit
Und wenn Mitschüler nicht verstanden
Zur Hilfe warst du stets bereit

Alle Leute kennst du die hier leben
Alle sind dir freundlich stets gesinnt
Auf alle kannst du dich verlassen
Das ist gut für jugendliches Streben

Hast viel gelernt und viel erlebt
Spieltest Theater sangst im Chor
Beim Fußball standest du im Tor
Schade wenn du nun von uns gehst

Der Abschied ist leider nah
Wir können dich nicht halten
Doch willst du später wiederkehren
Wir empfangen dich in allen Ehren

Komm herein

Tritt herein in meine Welt
Die Welt meiner Gedichte
Mit Märchen aus alter Zeit
und zauberhafte Geschichten

Lass dich ein auf ein Land
Mit lebhaften Dörfern Städten
Bunten Regionen gut bekannt
Und Seen Felsen und Wäldern

Ein Land bedeutender Schätze
Kluger interessanter Menschen
Fruchtbare Wiesen Felder
Reichlich Wild an Futterplätzen

Menschen alle die hier leben
Können stolz sein auf das Land
Es mit aller Liebe pflegen
Sinnvoll nutzen mit Verstand

Heimat die ich meine

Die Landschaft meiner Kindheit
Durch Wälder Felder Wiesen streifte
Wo mich Bäume Vögel Insekten kennen
Und stolze Tiere friedlich grasen
Diese liebe ich wie keine
Werde niemals von ihr lassen

All die Menschen die hier leben
Die sehr klug doch einfach sind
Ob jung alt ob laut oder leise
Ob schwarze gelbe oder weiße
Ob zugereist oder hier gebürtig
Sind alle meiner Freundschaft würdig

Kultur mag ich und ihre Vielfalt
Ob ererbt oder neu kreiert
Gelesen gesprochen oder gespielt
Im Chor gesungen getanzt im Reigen
Ich liebe Leute die Neues schaffen
Und so das Leben schöner machen

Unser Land muss für alle offen sein
Die hier wohnen leben Hilfe suchen
Allen muss man dieses Recht gewähren
Heimatrecht niemand soll beschneiden
Bisweilen wird *Heimat* mir vergällt
Weil manchen meine Liebe nicht gefällt

Die Fremdenhass und Zwietracht schüren
Offen böseste Hetzreden führen
Sie wollen die Gesellschaft spalten
Da heißt es fest zusammen halten
Nach Frieden und Eintracht streben
Gut nachbarlich zusammen leben

Steinseefest

Am Fuß des Pleß gelegen
Zieht sich ein schöner Weiher
An Fischen ein reiches Leben
Drum gibt es hier auch Reiher

Steinsee nennt man diesen Ort
Wo man feiert wenn der Kalmus blüht
Wie jedes Jahr war ich wieder dort
Und wie alle Leute sehr vergnügt

Frauen Männer alt und jung
Junge Burschen schaun sich um
Junge Mädchen kichern schwatzen
Jede will den besten schnappen

Mit roten Haaren Sommersprossen
Lustig schmiegsam bei dem Tanz
Würstchen Bier haben wir genossen
Und nahmen dann im Moosbett Platz

Wir liebten bis der Vollmond schien
Der schien viele Stunden schon
Das tut man wenn der Kalmus blüht
Wir haben in Liebe uns verloren

Im vergangnen Jahr ging ich wieder
Zum Steinseefest das ich so mag
Doch die Süße die ich geliebt
Mit einem anderen im Moosbett lag

Wärme

Aufzuwärmen meine Seele
Zu erfreuen mein Gemüt
Und nicht länger quälen
Sucht ich wo das Leben blüht

Wandern durch die halbe Welt
Heute hier und morgen dort
Bin ich eben angekommen
Schon gehts zum nächsten Ort

Finde Menschen wahre Freunde
Andere sind mir Feind
Kenne Mädchen viele schöne
Doch nur eine liebt mich treu

Mein zu Hause meine Heimat
Angekommen um zu bleiben
Beliebt bei allen Leuten
Weltenbummler hol der Teufel

Horizonte

Wie weit reicht dein Blick
Unverstellt geradeaus und ungetrübt
Wo enden deine Gedanken
Oder kennst du keine Schranken
Wie lange währt dein Leben
Wer wird dir noch Aufschub geben
Was vermögen deine Kräfte
Wann ermüden deine Körpersäfte
Ist deine Börse gut gefüllt
Kann sie endlos deinen Hunger stillen
Wie stark ist deine Liebe
Kann sie Missgunst und Hass besiegen

Endlos sei dein Mut
Bleibe hilfsbereit und gut
Auf dass dein Blick sich weite
Dein Handeln werde klug und weise

Verzeih mir

Sehnsucht Zweifel in den Augen Fragen
Ich fürchte du kannst mich kaum ertragen
Viel zu oft ließ ich dich allein
Beruf Sport Hobby allerlei Engagement
Auch eine Portion Egoismus war dabei

Der Frauen Schönheit hat mich erfreut
Das hab ich lange schon bereut
Ging nie einen Schritt zu weit
Hat unsere Liebe noch eine Chance
Oder ist verlieren wir uns ganz

Schon länger geb ich mir Mühe
Bin einfach gut zu dir
Neu erwacht ist die Liebe
Drum bitt ich dich verzeihe mir
Das hast du schon bemerkt
Mich in Güte angenommen
Wir haben uns neu gewonnen

Stiller Mond

Lieber Mond kann ich dir sagen
Was mit der Liebsten heut geschehen
Hundert heiße Küsse wollt ich wagen
Und niemand sollt es sehen

Für deine Verschwiegenheit bekannt
Wirst du auch Stiller Mond genannt
Wenn zwei sich umarmen lächelst du
Und kneifst vergnügt ein Auge zu

In kühler Nacht Liebe heiß entbrennt
Der Liebenden Zeit zu schnell entrinnt
Schamhaft schiebst du ein Wölkchen vor
Deckst rücksichtsvoll das Geheimnis zu

Viele Paare hast du schon gesehen
Im fahlen Licht Liebe sich gestehend
Sobald die Nacht zur Neige geht
Das Gesehene vom Wind verweht

Mädchen am Fluss

Kleiner Fluss am Dorf, lauer Wind
Gemächlich fließt das Wasser
Weiter abwärts gluckst ein Strudel
Wildentenfamilie Biber im Wasser
Vögel in Pappeln und Erlen

Idealer Platz zum Träumen
Mädchen sitzt im Gras
Kommt fast jeden Tag
In kleines Büchlein schreibt sie
Tagebuch oder Gedichte? sicherlich
Notizen verraten geheime Liebe
Der Geliebte hält sich scheu zurück
Weiß nichts von seinem Glück
Signale, die geheimen nicht bemerkt?
Darf sie Geliebten sich erklären? JA und tuts
Nimmt sie eilends in den Arm
In Adern kocht das Blut

Am Fluss spielende Kinder
Geschwister
Finden eben diesen Platz sehr schön
Ahnen nichts wissen nichts
Von ihrer Mutter Liebestraum

Mondfee

In lauer Sommernacht im Grase sitzen
Mondlicht spiegelt sich im See
Sanft bewegt sich Schilf im Wind
Blau sind Himmel und die Wellen
Erscheinung wie im Märchen aber wahr
Kleid aus blauer Seide
Wie ein Nebelschleier leicht
Alabaster ihre Haut
Smaragde die Augen
Lippen dunkelrot
Das Haar wie lodernd Feuer
Ein Mädchen setzt sich zu mir nieder
Einer Mondfee gleich
Ich schau ihr ins Gesicht
Irdisch scheint sie nicht
Ihr Kleid das so federleicht
Hebt ein Lufthauch von ihr ab
Heiß macht die Berührung ihrer Hand
Heiß an Wangen Busen Venusblüte
Umarmung versenkt in langen süßen Traum
Träumend durch ein Riff zu tauchen
Sanftes Fächern der Korallen
Äonen vielfarbiger Fische schwärmen
Nixen mit Seepferdchen spielend
Bedächtig oszillierende Medusen
Die Schöne kniet mir gegenüber
Morgenröte scheint ihr ins Gesicht
Tränen hat sie in den Augen
Beide Hände reicht sie mir
Danke für die wundervolle Nacht
Ich sah sie niemals wieder

Ein Blick nur

Schnellbahn früh am Morgen
Stroboskopie erschwert das Sehen
Vollgestopft wie Heringsfass
Wenig Luft zum Atmen
Ein Antlitz unvermittelt
Ganz kurz trifft ein Blick
Taucht unter hundert Häuptern auf
Zuletzt gesehen vor vielen Jahren
Verlässt die Bahn geschwind ist weg
Auf dem Vorplatz nicht zu sehen
Gefunden auf einer versteckten Bank
Sie schluchzt Tränen fließen
Lang hab ich dich gesucht - vergeblich

Manchmal reicht das Glück zu finden
Einfach nur ein kurzer Blick

Liebesträume

Süß die Rosen duften
Heiß dein Mund mich küsst
Meine allersüßesten Träume
Vertrau ich dem Sommerwind

Zärtlich

Zärtlich wie die Wöchnerin
Im Arme hält ihr kleines Kind
So wünsch ich allen Kindern
Dass sorgsam sie behütet sind

Zärtlich wie elterliche Hände
Kinder in den Schlaf geleiten
Ein Gefühl das am guten Ende
Der ganzen Familie Glück bedeutet

Zärtlich Liebende sich liebkosen
Die glückselig beieinander sind
Und sich immer wieder schwören
Dass ihr Glück nie ein Ende finde

Zärtlich halten sich bei Händen
Alte die schon krumm und steif
Sich lieben und gegenseitig helfen
Bis der Tod sie auseinander reißt

Zärtlich sein im ganzen Leben
Diese Aussicht heißt mich beben
Wem ein solches Glück beschieden
Hat verstanden lieben lieben lieben

Suchende Augen

Suchende Augen
Ohren lauschen
Hände tasten
Geschmack verführt
Duft betört

Für meine Sinne sag ich Dank
Sie machen das Leben lebenswert
Erschließen mir was ich begehr
Ohne sie wär ich sehr krank

Stummes Sprechen deiner Lippen
Augen schamvoll niederschlagen
Seh ich erröten deine Wangen
Und spüre sehnsuchtsvolle Blicke

Manchmal kommst du mir sehr nah
Du willst nicht es ist ein Drang
Ist die Liebe der siebente Sinn
Merke dass ich dein Schicksal bin

Ich nehm dich einfach in den Arm
Keine Abwehr du lässt es geschehn
Dein Kuss ist heiß die Hände warm
Hand in Hand sieht man uns gehen

Hab dich erkannt

Hab dich erkannt
Tief in deinen Augen
Wie und wer du bist
Strahlend wie Diamant
Und kaum zu glauben
Dass engelsgleich dein Blick

Vorher nie gesehen
Doch wohnen wir sehr nah -
Nah und doch zu weit
Würde gern mit dir leben
Wär immer für dich da
Glück gibts nur zu zweit

Flüstern des Baches

Dein Mund flüstert mir in Liebe
Deine Sehnsüchte dein Verlangen
Ich vertrau es dem muntren Bache
Auf dass es ein Geheimnis bliebe

Seine Wellen sollen es tragen
Durch Wald und Feld im Land herum
Wenn Menschen freundlich fragen
Wellen flüstern sind sonst stumm

Doch im Dorf die Menschen ahnen
Was bei Mondschein im Wald geschah
Gefühl und Liebe sind uns allen nah
Wie das schon in alten Zeiten war

Sehnsucht

Ich bitte dich Sterne mir zu zeigen
Die Nacht mild und wolkenfrei
Freundlich lächelt uns der Mond
Finden uns Aug in Auge
Leidenschaft macht uns taumeln
Kratzspuren auf deinem Rücken
Erleiden Schmerzen mit Entzücken
Keine Reue bin jetzt Frau
Vor Sehnsucht muss ich leiden
Und dich schnellstens wieder sehen
Flieg mit Mörser oder Besen
Und kann mich nicht entscheiden

Mein Schatz auf Pirsch

Wenn der erste Vogelruf erschallt
Und im Tann das Käuzchen schreit
Mein Schatz strebt hin zum Wald
Trägt die Flinte schussbereit

Durch Felder Wiesen Auen
Nach uraltem Brauche
Über hoher Felsen Gipfel
Durch Schluchten und Täler
Lockt das scheue Reh den Jäger
Fällt und bittet gebrochenen Auges
Wie Heidenröslein den Knaben
Den Weidmann um Gnade
Nach altem Glauben sei es Liebe
Was den Jäger wie den Knaben
Zu ihrem Handeln triebe

Nach Stunden geduldigen Wartens
Mein Schatz ohne Beute kehrt zurück
Nimmt mich freudig in seine Arme
Gut erholt das nenn ich Glück

Pflaumen schütteln

Bäuerin mit krummem Rücken
Tochter schickt Pflaumen schütteln
Die läuft erfreut zum Garten
Ihren Liebsten zu erwarten

Im Garten angekommen
Den Liebsten küssen voller Wonnen
Hurtig schütteln sie die Bäume
Voll sind bald alle Körbe
Die Schöne lehnt an einem Baum
Der Junge nimmt sie in den Arm
In ihren Augen ein süßes Bitten
Stürmisch beide weiter schütteln
Voller Lust sie tirilieren
Und ihre Sinne sich verlieren
Wollen nicht von einander lassen
Bis ermüdet sie nach Hause hasten

Als der kalte Herbstwind weht
Stolz und rund sieht man sie gehen
Leute schelmisch nach ihr blicken
Das kommt nur vom Pflaumen schütteln

Leben mit Kunst

Schmetterlinge sind Gedanken
Keine Fesseln keine Schranken
Und wo es grünt und blüht
Sind Schmetterlinge beliebt

Wunder Poesie

Bittere Tränen fließen
Gefühl wie große Not
Nirgends Hilfe finden
Niemand spendet Trost

Gedenke deiner Kindheit
Wenn etwas dir weh getan
Weinend auf Mutters Arm
Verse beendeten das Leid

Gedichte sind Medizin
Labsal für Geist und Seele
Und wenn ich traurig bin
Verse mein Gemüt beleben

Dichter und Philosophen
Uns auf weise Art beschenken
Wollen ehrend ihrer gedenken
Schönheit des Wissens feiern

Zuversicht und Zweifel

Ein Maler mit Gefühlen wie Ebbe und Flut
Steht er vor der Staffelei voller Zuversicht
Dem Krankenbett eben erst entronnen
Hat sich zum Malen neuen Mut genommen

Die Leinwand ist aufgezogen weiß grundiert
Im Kopf das Bild das er nun malen will
Farben angerührt Umrisse leicht skizziert
Kann er loslegen für sein großes Ziel

Der Kampf beginnt mit Zuversicht und Zweifel
Ein Kampf den jeder wahre Künstler kennt
Ob Maler Musiker Bildhauer oder Dichter
Des Künstlers Dämonen haben viele Gesichter

Gar oft kommt Angst die auf Zweifel folgt
Das Bild misslingt die ganze Arbeit futsch
Sind die Farben Formen richtig Linien klar
Wird Kritik das Werk verreißen alles Pfusch

Gefühle schwanken zwischen Freude und Wut
Dann der Griff zur Flasche das ist nicht gut
Die Leinwand füllt sich mal flott mal zögerlich
Erleichtert atmet der Maler auf - endlich fertig

Vernissage ein junger Dichter am Bilde steht
Schweigsam nachdenklich mehr als eine Stunde
Klopft dem Meister der hinzu tritt auf die Schulter
Spricht *seltsam wie alles sich um Zweifel dreht*

Fliegende Gedanken

Du musst fliegen Gedanke fliege!
Fliege fort durch Raum und Zeit
Flieg zu Eltern und Geschwistern
Zu deinen Kindern weit und breit

Gedanke du sollst gebären
Viele viele strahlende Kinder
So viele wie am Himmel Sterne
Verlöschen sollen sie uns nimmer

Gedanken fliegen in meine Träume
Erhalten da Struktur und Sinn
Und ich will es nicht versäumen
Schreibe ein Gedicht geschwind

Das Gedicht in mir

Verzeiht mir Freunde Liebste verzeiht
Denn manchmal bin ich unaufmerksam
Versteht mich bitte es ist nicht leicht
Den Blick zu richten auf täglichen Kram

Der ist sicher wichtig weiß ich doch
Das neue Gedicht das ich hab im Kopf
Fesselt mich und lässt mich nicht los
Legt manchmal die Nerven bloß

Das wird sich ändern verspreche ich
Wenn das neue Gedicht erst fertig ist
Hab ich für alle eure Wünsche Zeit
Wenn nichts dazwischen kommt – vielleicht

Vagabundierende Gedanken

Mein Kopf ist wie ein Bienenkorb
Wo tausende Gedanken schwirren
Wie heimatlose Vagabunden irren
Sie halt- und ziellos in einem fort

Bisweilen treiben sie's zu bunt
Die wilden Gaukler in meinem Haupt
Wenn es stets und ständig summt
Ein Hammer auf den Amboss haut

Gedanken wollen immer springen
Über Tiefen Höhen Meere Welten
Wollen musizieren und auch singen
Reden über Römer Maja Kelten

Trotzdem muss ich dankbar sein
Denn ohne sie fiel mir nichts ein
Und wenn das alles nicht so wär
Wo kämen Ideen für Gedichte her

Wahrheit

Nur ganz schwer zu fassen
Starken Händen fehlts an Kraft
Wenn wer meint man hat sie schon
Strebt unaufhaltsam sie davon

Widerfährt nicht nur dem Dichter
Auch dem Philosophen oder Richter
Kein Wesen hat sie im Besitz..
Nur der Narr begreift das nicht

Was ich immer denke oder fühle
Was herauskommt wenn ich grüble
Ist das wahrhaftig oder Trug
Es wird Erde mein Stift ist der Pflug

Irgendwann in einem Märzen
Bricht mit Gewalt die Saat heraus
Kann die Früchte nicht mehr bergen
Weil mein Lebenslicht ging aus

Hoffnungslos gefangen

Von der Musik gefangen
Lehn ich mich zurück
Lass mich einfach fallen
Meine Seele höchst verzückt

Scheinbar simple Melodie
Die mich verzaubert
Erlesene Harmonie
Wiege mich im Traum

Wer kann ihrer sich erwehren
Den Gefühlen widerstehen
Wer kann sich verschließen
Klängen durch die Lüfte fliegen

Ich bin Bauer Müller Schmied
Fischer Köhler Jägersmann
Singe wann ich immer kann
Tag für Tag mein Lieblingslied

Kreative Stille

Brüllende hupende Ungeduld
Quietschende Bremsen lauter Knall
Pflaster mit den Zähnen klappert
Irgendwo peitschen Schüsse
Straßenbahnen kreischen klingeln
Fühle mich vom Lärm umzingelt
Gedanken wie sollen sie gedeihen
Wie den Menschen Verse schreiben

Ach wie liebe ich die Stille
Die Himmlische in meinem Tal
Freundlichkeit zu schenken
Gewürzt mit einer Prise
Meines Humors dem Süßen
Nachbarn die wie ich denken
Die hilfsbereit und offen sind
Geben ein doppelt Maß vom Glück
Mit Lachen dankbar mir zurück

Kleines Lied

Ein Wort
Ein Gedanke
Dann ein Gedicht
Und eine zarte Melodie
Deine Erscheinung ist es
Dein ausgewogener Schritt
Ein Lächeln um deine Lippen
In deinen Augen eitle Freude
Dank dir für dein kleines Lied

Poesie braucht Freiheit

Poesie braucht nicht Vormundschaft
Von der Kanzel keine Schelte
Nur Freigeist Klarheit schafft
Denn für Kunst muss Wahrheit gelten

Nichts als reine Wahrheit schreibe
Ergreife Partei für Bedürftige
Gib Rat und Hilfe an Leidende
Bewahre Mitgefühl und Würde

Bleibe immer treu und redlich
Sei auch der Weg beschwerlich
Verkaufe dich nicht dem Geld
Am besten bleibe *Du selbst*

Poesie erträgt nicht Vormundschaft
Von keiner Kanzel Schelte
Frei geborene Poesie erschafft
Den Geist einer freien Welt

Wohltat

Ich suche Worte und forme Verse
Und meine Verse formen mich
Doch bevor Worte Verse werden
Zeichnen Zweifel Mühen mein Gesicht

Was will ich sagen
Was darf ich wagen
Nein ich will nicht klagen
Erzeugen niemals Langeweile
Sinn habe jede einzelne Zeile
Ich möchte der Liebe alle Ehre geben
Und Liebenden nie zu nahe treten
Alte und junge gerne lachen
So will ich gute Späße machen
Gebe Raum für manche Träne ...

Poesie soll immer Wohltat sein
Soll den Menschen manches geben
Soll Hilfe sein im ganzen Leben
So will ich gerne Dichter sein

Genuss am Denken

Mondlicht schaut in mein Fenster
Hell erleuchtet meine Kammer
Liege da in meinem Jammer
Vollmond meinen Nachtschlaf raubt

Was ich mag

Eltern die sich kümmern und nicht ruhn
Freunde die nicht fragen sondern tun
Feinde die mich niemals hassen
Nachbarn ohne Neugier auf mich achtend
Lehrer die alle Schüler lieben
Bürgermeister die dem Bürger dienen
Polizisten die den Weg mir zeigen
Jugend die Alte übern Damm geleitet
Ärzte die für die Patienten leben
Handwerker die sich immer Mühe geben
Verkäufer die mich nie betrügen
Eheleute die sich nie belügen
Autofahrer die immer Rücksicht nehmen
Kellner die sich zu Schnelligkeit bequemen
Ach das alles wäre wunderschön

Sehnsucht nach Sophia

So manche Nacht habe ich geträumt
Sophia sei mir zugereist
Von Gestalt wunderschön
Tausendmal schöner ihr Geist

Sei geduldig riet sie mir im Traum
Weisheit kannst du nicht fangen
Nicht auf einem Marktplatz kaufen
Nur mit Geduld zu ihr gelangen

Das geschah vor vielen langen Jahren
Habe viel gearbeitet viel gelernt
Und musste bitter erfahren
Die erhoffte Weisheit ist noch fern

Endlich habe ich verstanden
Mir fehlt noch die Bescheidenheit
Dass ich nach Weisheit nimmer frage
Für Gemeinschaft nutze alle Zeit

Offen

Mit offenen Augen
Kannst du Gefahren sehen
Mit offenen Ohren
Lernst du Menschen verstehen
Mit offenem Herzen
Gewinnst du Freunde
Mit offenen Sinnen
Erkennst du die ganze Welt
Mit offenen Gefühlen
Ist die Liebe nicht mehr weit

Warum hassen

Warum hassen
Und nicht lieben

Kann man es nicht lassen
Oder einfach ignorieren

Wem nutzt der Hass
Wem bringt er Schaden
Dem Hasser Stress
Und Geschwüre im Magen

Freundschaft und Liebe
Machen glücklich allein
Ohne sie bliebe
Uns nur Kummer und Pein

Gedankenfreiheit

Verzeih der du nicht bist
Dass ich dich ignoriere
Die Antenne habe ich nicht
Die mich zu dir führte

Den Menschen die dich glauben
War ich niemals gram
Stets waren sie mir Freunde
Sahen mir mein Denken nach

Meine Freunde lass ich wissen
Dass Gedankenfreiheit heilig ist
Wenn Geistesschranken überwunden
Wird die ganze Welt gesunden

Lebenstraum

Ich bau aus Worten einen Garten
So grün und rot und blau
Und bau ihn gänzlich ohne Zaun
Wo liebe Freunde ich erwarte

Viele Menschen sollen kommen
Sich der bunten Farben freuen
Und ihre Leidenschaft und Wonnen
Aufs Neue Tag für Tag befeuern

Ich bau ein Haus aus den Gedanken
Meiner Freunde von fern und nah
Schön anzusehen mit festem Stand
Kein Sturmwind lässt es wanken

Der Gäste viele sollen lenken
Ihre Schritte in dieses Haus
Menschlich weise sei ihr Denken
Und andere Leute lernen draus

Ich bau eine Welt aus Liedern
Zum singen spielen tanzen
Zu einen alle Menschen wieder
Die entzweit zu lange waren

Ich träum ich wär mitten drin
In Völkerscharen schwarz gelb weiß
Die in trauter Gemeinsamkeit
Gutes schaffen und glücklich sind

Heilende Poesie

Krank am ganzen Körper
Über viele Jahre schon
Gefühl und Geist ebenso
Wie soll ich damit leben

Therapien und Medikamente
Der Doktor mir verschreibt
Nur Zweifel bleibt am Ende
Weil die Krankheit bleibt

Ganz fürchterliche Dämonen
Spuken in meinem Kopf
Aber Pillen und Skalpell
Wollen mir nicht helfen

Nun bin ich auf der Suche
Nach Zuspruch und Empathie
Und greif nach einem Buche
Voller wunderbarer Poesie

Vorn bis hinten schöne Verse
Mit Ruhe und Besinnlichkeit
Und Dämonen besänftigt werden
Für Stunden der Fröhlichkeit

Poesie ist geistige Medizin
Kein Arzt der sie verschreibt
Kein Apotheker sie vertreibt
Nur ein Dichter sie mir gibt

Kaleidoskop des Geistes

Zusammensein in froher Runde
Lieber Freunde mit wachem Geist
Alles Liebhaber hoher Künste
Sinnen und schaffen jederzeit

In den Freunden brennt ein Feuer
Wollen zeigen was sie schaffen
Und für Kritik und Hinweis danken
Ideen teilen und Geistesgaben

Kunst ist der Spiegel des Lebens
Wie ein Brennglas alles erkennt
Alles Gute vom Übel trennt
Und lehrt uns die Welt verstehen

Als Kristall fühl ich mich hier
Im Verein mit bunten Edelsteinen
Welchen allen Kunst ein Pläsier
Im Kaleidoskop kreativer Geister

Mund aufmachen

Heiße Brühe gegen Kälte
Heiße Worte gegen Schelte
Heiße Küsse für den Schatz
Alles andere für die Katz

Sollen und Wollen

Sollen oder Wollen
Müssen oder Dürfen
Pflichten oder Rechte
Wer kann helfen
Den Unterschied zu finden
Was wäre die Welt ohne Rechte
Und was ganz ohne Pflichten
Der Volksmund kennt den Spruch
Das eine was ich will
Das andere was ich muss
Und trifft philosophisch
Den Nagel auf den Kopf
Allein in der Balance
Der Demokratie große Chance

Tränen leise fließen

Augen traurig blicken
Rühren meine Seele an
Sorgen dich bedrücken
Schlimmes tut man dir an

Tränen leise fließen
Spürbar dein Schmerz
Wer gibt Trost dem Herz
Spendet Wärme und Liebe

Über Nacht böse Krieger
Kommen mit Hass und Wut
Bomben alle Häuser nieder
Heimat in Asche und Glut

Leute die ihr schuldlos wart
Mütter Väter Onkel Tanten
Die liebsten Anverwandten
Im Massengrab verscharrt

Tränen leise fließen
Für Einsicht ist höchste Zeit
Zu beenden jegliches Leid
Alle Völker brauchen Frieden

Disput auf dem Boulevard

Vertrautes Gesicht vor mir
Kommt auf mich zu
Unsicherheit in seinen Augen
Unsicher auch sein Gang
Der mir doch immer
Als tatkräftig klug bekannt

Ich weiß nicht mehr
Was ich glauben soll
Leute benehmen sich wie toll
Von großer Gefahr ist die Rede
Aller Menschen Leib und Leben
Böse Menschen die Welt beherrschen
Außerirdische massakrieren
Journalisten manipulieren

Ich ergreife seine Hand
Einen Arm um seine Schultern
Denke nach mein Freund
Vertrau auf dich selbst
Deine Erfahrung und dein Wissen
Lass dich nicht beirren
Und stelle Fragen

Was ist echt
Was purer Wahn
Wo ist die Quelle
Kannst du ihr glauben
Wem nutzt die Angst
Und wilde Panik

Darfst nicht verzweifeln
Er ist noch immer gültig
Der Spruch
Trau - Schau wem

Kranker Hass

Jämmerliche Figuren
Geistlose Halbnaturen
Nichts wissen - nur vermuten

Aus Vermutung wird Unterstellung
Aus Unterstellung Verleumdung
Für Realismus fehlt das Wissen
Für Proportionen der Geist

Aus Nichtwissen entsteht Hass
Auf alle die anders sind als du
Ignoranz ein schlimmer Fluch
Die macht dich furchtbar krank

Dein Motiv ist purer Neid
Hast im Leben nichts erreicht
Und die Arbeit nie geliebt
Verachtung deine Sinne trübt

Jämmerliche Figuren
Geistlose Halbnaturen

Schrankenlos

Schrankenlos meine Ideen
Und sämtliche Gedanken
Kunst soll niemals wanken
Keinem nach dem Munde reden

Ehrlich seine Meinung sagen
Problemen gehen auf den Grund
Geduldig Kritik ertragen
So wird die Welt gesund

Frevlers grenzenloses Handeln
Unsere Welt zugrunde richtet
Dagegen zu setzen Schranken
Ist vornehmste Bürgerpflicht

Atlantis oder Vineta

Schneller höher und weiter
Jagd nach Reichtum Ruhm und Ehre
Rücksichtslose brutale Reiter
Wenig Chancen sich zu wehren

Reichtümer zu schwer zu messen
Maßlose Forderung nach Gewinn
Und Verschwendungssucht der Reichen
Kriegstreiber gehen über Leichen
Millionen haben nichts zu essen
Hunger rafft Millionen hin
Ressourcen Moral Bildung schwinden
Häuser Äcker Wälder brennen
Wachsen Trockenheit und Hitze
Ganze Länder überschwemmt
Ganze Länder Inseln saufen ab
Unerschwinglich wird das Brot
Groß und größer wird die Not
Wer baut Zerstörtes wieder auf
Wer trägt Billionen Lasten
Denke nach dann weißt du es

Alles was entsteht
Ist wert
dass es zugrunde geht *)
Ist das schon der Untergang
Oder nutzen wir die Chancen

*) Goethe - Faust, Prolog

Bienen im Kopf

Tausend Bienen im Kopf
Und Hummeln im Arsch
Setze Klugscheißer auf den Topf
Und blase Heuchlern den Marsch

Bienen sind der Quell
Vielfältiger Ideen
Hummeln immer zur Stelle
Kraft zum Handeln zu geben
Vieles ist noch zu tun
Verse und Geschichten schreiben
Lernend durch die Lande reisen
Allen die schöne Verse lieben
Freude mit der Poesie bereiten

Junge Leute nach Sinn auf Suche
Ihnen allen wünsche ich darum
Bienen im Kopf
Und Hummeln im Arsch

Ewige Wunden

Man sagt
Die Zeit heile alle Wunden
Vergessen würden alle Schmerzen
Und Tränen trockne der Wind
So sagt man

Bei Bagatellen mag das sein
Da stellt sich bald Heilung ein
Ein Kind das seine Knie verletzt
Köchin sich in den Finger schneidet
Der Schmied sich auf den Daumen haut
Ein Stein auf Maurers Füße fällt
Beispiele gibt es viele

Die Welt ist voller Übeltaten
Krieg Verfolgung Kerkerhaft
Nicht minder Diktatur und Repression
Wenn ehr- und seelenlose Krieger
Morden brennen und massakrieren
Wenn Opfer ernten Hohn und Spott
Verharmlost Folter und Massenmord
Und Massenmörder werden zu Helden
Wunden und Schmerz doppelt zählen
Sie wollen niemals heilen

Ewige Wunden sie heilen nicht
Solcher Schmerz bleibt unermesslich
Was Betroffenheit und Dichtung spricht
Dokumente Zeugen Gräber Tränen
Dürfen Menschen nie vergessen
Müssen aufklären erinnern mahnen

Neues jeden Tag

Mich wecken erste Sonnenstrahlen
Und der Vögel Morgensang
Ich fühle taste finde dich
Immer beieinander Du und ich

Ich bin ich

Ich bin, der ich bin.
Das Schicksal, das mir zugefallen,
Nehm ich gerne an.
Darum will ich kein andrer sein.

So mancher fühlt sich berufen,
Ist auf steile Karriere aus.
Hat nichts gelernt und keine Ahnung,
Doch schreit er *Holt mich hier raus!*

Zu viele Namen sind vergessen,
Die man einst *entdeckt*.
Sie waren sehr vermessen
Und nun verschwunden, einfach weg.

Ich geb mich lieber bescheiden
Und meiner Arbeit hin, Tag für Tag.
Wer was ich schreibe, gar nicht mag,
Der lasse es einfach bleiben.

August

Hundstage wie in jedem Jahr August
Geprägt von Trockenheit und Hitze
Liege schlaflos im Bett und schwitze
Möchte vieles tun und habe keine Lust

Hinaus geh ich auf die Terrasse
Was immer ich tu in schwüler Nacht
Mit viel kaltem Tee in meiner Tasse
Seh hoch am Himmel die Sternenpracht

Ich fühle mich wie im Märchenland
Tief unter mir die beleuchtete Stadt
Oben klar tiefblau der Sternenhimmel
Und der Perseidenströme Blitzgewimmel

Tausend Wünsche spricht mein Mund
Danke herzlich dem Sternbild Hund
Silberstreifen die Pracht vertreiben
Ich geh ins Bett schlaf gleich ein

Spukende Erinnerung

Bin bis ins Mark erschreckt
Wenn zum Beginn des Tages
Mich Erinnerungen plagen
Mir kein Frühstück schmeckt

Sie geistern lästig durchs Gemüt
Gaukeln dies und jenes vor
Bringen in Wallung mein Blut
Ich bin völlig aus der Spur

Leute kennen mich als nett
Ich will dass es so bleibt
Geh mir selber aus dem Weg
Suche was den Spuk vertreibt

Die Lösung habe ich gefunden
Und lad mir gute Freunde ein
Mein Kopf von Geistern frei
Beim Disput in froher Runde

Untermieter

Untermieter im Kopf
Sind mir liebe Gäste
Was lange klingt im Ohr
Möcht ich nie vergessen

Lied das oft gesungen
Witz der gut gelungen
Spruch besonders treffend
Aphorismus der toll brennt
Anekdote mich bewegend
Metapher die keiner kennt

Interessantes hat die Chance
Für lange Zeit im Ohr zu landen
Weshalb man dieses Phänomen
Im Volksmund Ohrwurm nennt

Stunde der Besinnlichkeit

Eigentümlich diese Ruhe
Fernab totaler Stille
Weckt in mir die Muße
Neue Ideen in Fülle

Draußen Vögel zwitschern
Kinder fröhlich lachen
Nicht stören - inspirieren
Beflügeln meine Gedanken

Erinnerungen werden wach
Erlebtes wird lebendig
Menschen die ich geliebt
Stimmen klingen in mir nach

Ich brauche diese Stunden
Stunden der Besinnlichkeit
Zwischen lauten Zecherrunden
Und stiller Trauer Zeit

Ist die Stunde dann zu Ende
Geh ich an die frische Luft
Rühr im Garten meine Hände
Hab auf neue Verse Lust

Nur ein Traum

Jeden Morgen
Zärtlichkeiten
Jeden Morgen
Süße Küsse
Jeden Morgen
Sonnenschein
Jeden Morgen
Dein strahlendes Gesicht
Gemeinsam
Alles wollen alles tun
Und wenn der Tag zu Ende
Gemeinsam ruhen
Oder ist das nur ein Traum

Zum realen Leben kehr zurück
Da nur gibt es wahres Glück

Kurios und absurd

Einer Jungfrau zu begegnen
In die Heide geht ein Knabe
Als er die Heidi genug besehen
keine Jungfrau weit und breit *schade*

Entgangene Köstlichkeit

Häufig hör ich Frösche quaken
Enten schnattern
Und es krächzt der Reiher
Zwischen Schilf Weiden und Erlen
Ruht still ein Weiher
Eine Pflanze mich interessiert
Kalmus der so aromatisch riecht
Zu schneiden und bringen nach Haus
Die Liebste ihn mir empfahl
Die auf gute Wirkung baut
Aber -
Ein Wildschwein hat ihn mir geklaut

Seltsame Annonce

Zu Paris vor Notre-Dame
Schlägt ein Padre einen Zettel an
Durch diese Pforte trete ein
Wenn du bist der Sünden müde

Darunter
Fein und zierlich
Mit Lippenstift geschrieben
Wenn nicht dann rufe 666 66666
diese Nummer an
Meine Liebeskünste zu genießen
Komme schnell und sei nicht prüde!

Späte Ironie

Viel Arbeit fällt hier an
Im Garten und auch im Haus
Die Jungen schaffen tagein tagaus
Ich Alter tu was ich noch kann

Arbeit die gern liegen bleibt
Für mich ein Zeitvertreib
Beete jäten Stauden pflanzen
Täglich gießen die Rabatten

Die Jungen fragen mit Bedauern
Was wird sein wenn du verblichen
Heb ich erstaunend meine Brauen
Nein ich werde mich nicht missen

Lieblos

Frau zum dritten mal geschieden
Noch im Besitz der Jungfernschaft
Drei Ehen zweifelhafter Liebe
Mit Männern ohne Manneskraft

Pastor war der erste Mann
Hielt ängstlich stets Distanz
Es half kein bitten kein reden
Ins Bett ging er zum Beten

Als zweiter kam ein Astronom
Der liebte sehr sein Teleskop
Die Frau fand er schnuckelig
Im Bett wollte er nur gucken

Und dann ein Politiker kam
Der liebte die Karriere
Ein Ende fand auch diese Ehe
Weil er immer bloß versprach

Reifende Frauen

Reifende Frauen
Zu Hause in grünenden Auen
Und reizenden Flecken
Inmitten endloser Äcker
Ihre ländliche Schönheit
Berühmt in Dörfern weit und breit
Im Antlitz dezente Schminke
Tragen teuren Schmuck und Ringe
Immer modisch die Frisur
Äußerst sensibles Thema Figur
Denn unerbittlich reift die Zeit
Für die Entscheidung Kuh oder Geiß

Zu Hause in Absurdistan

Ich spinne Goldene Fäden
Aus reinem Wasser
Und schmiede aus der Luft
Schild und Schwert
Wenn Zeit ich brauche
Ich ziehe sie im Gemüsebeet

Intakt ist meine Gedankenwelt
Und überaus gesund
Auch wenn es manchen nicht gefällt
Tue ich gern Unsinn kund
Unsinn kann die Seele wecken
Provoziert und organisiert Gedanken
Wodurch endlich der Beweis erbracht
Unsinn dieses alberne Luder
Ist der Weisheit Bruder

Mein ganzes Leben ist Magie
Aus reicher Quelle der Phantasie
Ich mag nicht ernste Miene machen
Lieber herzlich befreiend lachen
Und schaut ihr mich zweifelnd an
Meine Heimat ist Absurdistan

Inhaltsverzeichnis